Mi biblioteca de ciencias

Los cambios de la materia
Cambios físicos y químicos

Tracy Nelson Maurer

Editor del contenido científico:
Shirley Duke

Educational Media

rourkeeducationalmedia.com

Teacher Notes available at
rem4teachers.com

Science Content Editor: Shirley Duke holds a bachelor's degree in biology and a master's degree in education from Austin College in Sherman, Texas. She taught science in Texas at all levels for twenty-five years before starting to write for children. Her science books include *You Can't Wear These Genes, Infections, Infestations, and Diseases, Enterprise STEM, Forces and Motion at Work, Environmental Disasters,* and *Gases.* She continues writing science books and also works as a science content editor.

www.rourkeeducationalmedia.com

Photo credits: Cover © YuriyZhuravov, PinkBlue; Pages 2/3 © CAN BALCIOGLU; Pages 4/5 © gresei, RicoK, Taras Kolomiyets, Zadiraka Evgenii, Algol; Pages 6/7 © Viktor88, Shebeko, BW Folsom, Africa Studio; Pages 8/9 © CAN BALCIOGLU, Smit, hans.slegers, Ljupco Smokovski; Pages 10/11 © davidundderriese, Nadezhda Bolotina, Blue Door Education; Pages 12/13 © Nadezhda Bolotina, Julian Rovagnati, Jiri Hera, Givoronskaya_Yana, jordache;; Pages 14/15 © Dmitry Naumov, Anna Baburkina; Pages 16/17 © Mikael Goransson; Pages 18/19 © HadK, Kurhan; Pages 20/21 © Arvind Balaraman, Alicar

The author thanks materials science engineer Michael Sullivan for his generous assistance and the entire Blue Door team.

Editor: Kelli Hicks

My Science Library series produced by Blue Door Publishing, Florida for Rourke Educational Media.
Editorial/Production services in Spanish
by Cambridge BrickHouse, Inc.
www.cambridgebh.com

Maurer, Tracy Nelson.
Los cambios de la materia: Cambios físicos y químicos / Tracy Nelson Maurer.
 ISBN 978-1-62717-326-1 (soft cover - Spanish)
 ISBN 978-1-62717-530-2 (e-Book - Spanish)
 ISBN 978-1-61810-240-9 (soft cover - English)
 ISBN 978-1-63155-062-1 (hard cover - Spanish)
 Library of Congress Control Number: 2014941377

Also Available as:
ROURKE'S
e-Books

Rourke Educational Media
Printed in the United States of America,
North Mankato, Minnesota

Rourke
Educational Media

rourkeeducationalmedia.com

customerservice@rourkeeducationalmedia.com
PO Box 643328 Vero Beach, Florida 32964

Contenido

Dos tipos de cambios

Todo es **materia**. La materia está hecha de algo y ocupa un espacio. La materia cambia de dos formas: mediante cambios físicos y cambios químicos. ¡Veamos sus diferencias!

Los cambios físicos provocan cambios de estado, o de forma, del mismo tipo de materia. El agua sigue siendo agua aunque cambie de líquido a sólido (hielo).

Los cambios químicos crean sustancias nuevas. Después de un cambio químico, los cambios físicos como cortar, secar, filtrar, centrifugar, cambiar la presión o la temperatura no pueden echar atrás el cambio.

El fuego cambia la madera químicamente en otra sustancia, ceniza o gas y hollín. No se puede restituir la madera después que se ha quemado.

Alquimia fascinante

Los sabios antiguos, llamados **alquimistas**, creían que podían cambiar los metales en oro y producir otros resultados increíbles. La ciencia moderna nunca ha comprobado sus alegaciones. Sin embargo, sus aventuras han inspirado muchas historias, como Harry Potter y la piedra filosofal.

Cambios físicos

Toda la materia está formada por partículas pequeñas que se mueven, llamadas **moléculas**. Estas se mueven lenta o rápidamente dependiendo del estado de la materia: sólido, líquido o gaseoso.

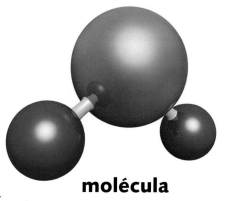

molécula

sólido

líquido

Un sólido tiene forma porque sus moléculas compactadas se mueven lentamente.

Un líquido toma la forma del recipiente que lo contiene. Las moléculas de los líquidos tienen espacio para moverse unas sobre las otras.

6

Un gas ocupa todo el espacio del recipiente que lo contiene. Está formado por moléculas que se mueven rápidamente, tienen mucho espacio y chocan contra las paredes del recipiente. Las moléculas de aire llenan todo el espacio dentro de un globo.

gas

Las **propiedades físicas** ayudan a indentificar una sustancia y cómo cambia. ¿Cuándo hierve o se derrite? ¿Tiene propiedades magnéticas? ¿Es **soluble** en agua?

Las **densidad** es una propiedad física que describe cuán compacta o concentrada está una sustancia. Una bola de papel tiene menos densidad que una piedra del mismo tamaño.

Si la sustancia se estruja fácilmente tiene poca densidad, como el papel. Si se resiste a ser estrujada, tiene alta densidad, como la piedra.

La **viscosidad** es una propiedad física que describe cuán fácilmente fluye un líquido.

Si el líquido fluye con facilidad, como el agua, tiene poca viscosidad, pero si fluye lento, como la miel, tiene una viscosidad alta.

Ley de conservación de la masa

La materia conserva su **masa**, su cantidad, incluso después de un cambio físico. Por ejemplo, la masa del vapor es igual a la masa original del líquido que le dio origen.

Cambios químicos

Los cambios químicos ocurren en todas partes. En un cambio químico, los pequeños átomos dentro de los distintos materiales se reorganizan y cambian sus estructuras. Este nuevo **enlace** molecular forma una nueva sustancia, que se llama **compuesto**.

¿Sabías que...?

La fotosíntesis es un cambio químico. La **clorofila** verde de las plantas usa la energía solar para producir alimento, llamados azúcares, a partir de agua y **dióxido de carbono**.

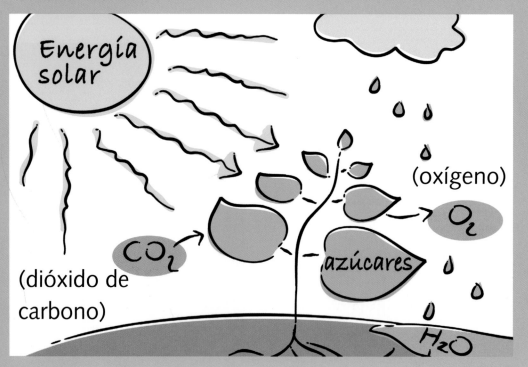

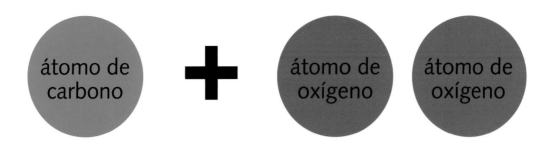

El dióxido de carbono se forma cuando se combinan dos átomos de oxígeno con uno de carbono.

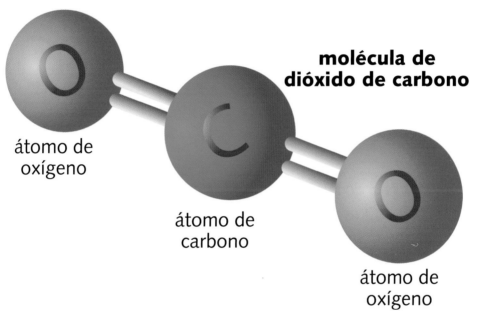

molécula de dióxido de carbono

átomo de oxígeno

átomo de carbono

átomo de oxígeno

Átomos

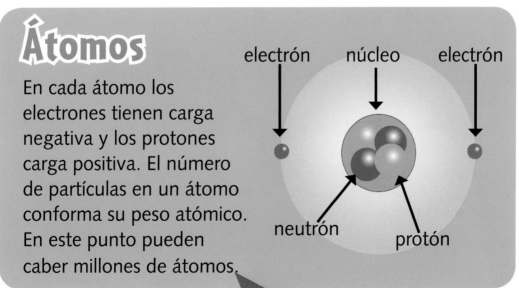

En cada átomo los electrones tienen carga negativa y los protones carga positiva. El número de partículas en un átomo conforma su peso atómico. En este punto pueden caber millones de átomos.

electrón   núcleo   electrón

neutrón   protón

Algunos átomos forman nuevos compuestos con facilidad. Estos átomos reactivos, como el hidrógeno y el oxígeno, tienen partículas cargadas que buscan a otras para formar enlaces con el fin de lograr un equilibro eléctrico.

Algunos átomos se unen de otras maneras. Los enlaces les permiten equilibrar sus cargas u ocupar huecos en sus orbitales superiores. Estos elementos se combinan para formar un compuesto muy importante, el agua.

¿Alguna vez has oído a alguien llamar H_2O al agua? H_2O es el nombre químico del agua. Significa dos átomos de hidrógeno y uno de oxígeno.

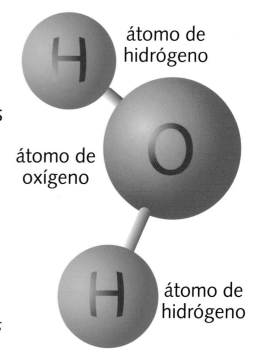

átomo de hidrógeno

átomo de oxígeno

átomo de hidrógeno

Compuestos en tu cocina

sal común= sodio + cloro

azúcar = carbono + hidrógeno + oxígeno

polvo de hornear = sodio + hidrógeno + oxígeno + carbono

El neón, el gas noble usado para hacer tubos fluorescentes, es un elemento inerte o no reactivo. Los átomos de neón tienen el número máximo de electrones permitidos en su orbital más externo. Como el requisito para que un elemento sea reactivo es que no tenga ese último orbital lleno, al neón le es difícil reaccionar con otros elementos.

No todos los átomos reaccionan químicamente con facilidad. Los gases como el neón, el helio y el argón tienen cargas eléctricas balanceadas y no forman compuestos químicos usualmente. Son llamados gases nobles.

La probabilidad de que un átomo forme una nueva sustancia química es un dato importante a conocer por los investigadores antes de comenzar un experimento. El oxígeno cambia fácilmente y produce resultados rápidos —¡puede que hasta una explosión!

Nada se quema sin la presencia de oxígeno. Pero algunas sustancias, como el hidrógeno, los combustibles diésel o el litio metálico, mezcladas con oxígeno puro y calor, se queman tan rápido que parecen explotar.

Algunos cambios químicos ocurren a simple vista. Una hoguera de acampada deja cenizas, por ejemplo. Otros cambios químicos parecen invisibles, como la digestión dentro de tu cuerpo.

Algunos cambios químicos ocurren rápidamente. El vinagre y el polvo de hornear se mezclan explotando en burbujas de dióxido de carbono. Otros cambios químicos ocurren más lentamente. La forma en que cambian depende de la naturaleza de los compuestos que reaccionan.

Esta reacción química entre el vinagre y el polvo de hornear es en realidad dos reacciones que ocurren una detrás de la otra. El ácido del vinagre reacciona con el bicarbonato de sodio y forman un ácido inestable débil. Este ácido, a su vez, se descompone instantáneamente en dióxido de carbono y agua. Las burbujas provienen del dióxido de carbono gaseoso que escapa. Como el dióxido de carbono es más pesado que el aire, fluye fuera de la jarra y cae por sus paredes.

Dato cambiante

Los cambios químicos pueden ocurrir lentamente. La oxidación, o herrumbre, cambia el hierro duro en polvo, cuando el oxígeno del aire se combina con el metal.

Moléculas trabajando

Wallace Hume Carothers, un químico norteamericano, experimentó con largas cadenas de moléculas, llamadas polímeros, en los años 1930. Su trabajo llevó al descubrimiento del nylon. En 1940, las personas compraron más de 60 millones de pares de medias de nylon. Desde entonces, muchos productos están hechos de nylon, desde cepillos de diente hasta paracaídas militares.

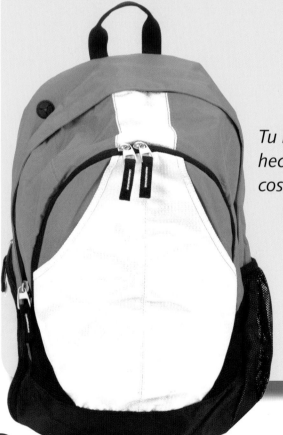

Tu mochila está probablemente hecha de nylon. ¿Qué otras cosas de nylon usas?

Hoy en día, los investigadores usan métodos científicos para encontrar nuevas formas de combinar la materia y sus moléculas.

El método científico

1. Haz una pregunta.
2. Comienza una investigación.
3. Formula una nueva idea que comprobar.
4. Comprueba la idea con un experimento que otros puedan hacer.
5. Saca una conclusión.
6. Reporta los resultados.

Si una idea no resulta, ¡comienza nuevamente en el paso 3!

Los científicos hacen preguntas y comparan sus respuestas con lo que ya es conocido. Ellos comparten sus resultados. Otros científicos comprueban las mismas ideas siguiendo los mismos pasos.

¿Cambios químicos buenos y malos?

En los últimos trescientos años los científicos han creado medicinas, ropas, alimentos, materiales de construcción y muchos otros productos útiles. Pero producir cambios químicos también puede causar contaminación, envenenamiento y otros resultados destructivos.

La lluvia ácida parece lluvia limpia, pero puede matar a los peces, detener el crecimiento de los árboles y provocar ataques de asma.

20

Las fábricas que usan carbón como fuente de energía liberan sustancias químicas que reaccionan con el agua, el oxígeno y otros gases en la atmósfera superior, lo que provoca la formación de lluvia ácida.

Mediante la investigación continua, los científicos aprenderán más sobre cómo cambiar la materia. Al aprender más, encontrarán nuevas vías de ayudar a nuestro planeta y a la humanidad.

Demuestra lo que sabes

1. ¿Qué tipo de cambio ocurre cuando tu auto quema combustible? ¿Por qué?

2. ¿Qué otros cambios químicos usas a diario?

3. Si pudieras inventar un producto nuevo, ¿qué sería? ¿Cómo beneficiaría a los humanos?

Glosario

alquimistas: sabios antiguos que estudiaron las mezclas al tratar de producir oro y producir elíxires de vida

clorofila: sustancia verde en las plantas que hace posible la fotosíntesis para producir alimentos

compuestos: combinación de dos o más partículas, como átomos y moléculas

densidad: cualidad o propiedades de cuán compacta es una sustancia en relación a su volumen

dióxido de carbono: gas incoloro, exhalado por los seres humanos y liberado por reacciones químicas y materiales al quemarse

enlace: conexión entre dos átomos o moléculas para crear un compuesto

masa: cantidad de sustancia

materia: cualquier cosa que tiene masa y ocupa espacio

moléculas: la partícula más pequeña que conserva las propiedades de la sustancia; combinación de átomos o átomos y otras moléculas

propiedades físicas: cualidades o características de una sustancia o cosa

soluble: que parece desaparecer en otra sustancia

viscosidad: la cualidad o propiedad de una sustancia, especialmente un líquido, de resistirse a fluir

Índice

Sitios de la internet

www.alchemylab.com/history_of_alchemy.htm

www.tpt.org/newtons/TeacherGuides_chemistryFood.php

www.chem4kids.com

Sobre la autora

A Tracy Nelson Maurer le gustan los experimentos, ¡sobre todo los de cocina! Ella vive en Minnesota con su esposo y sus dos hijos. Tracy tiene un MFA en escritura para niños y jóvenes de la universidad de Hamline.

¡Pregúntale a la autora!
www.rem4students.com